不安全状態

↑
安全衛生管理上の欠陥
↓

不安全行動

不安全行動（人）
・歩きスマホをしている
×
不安全状態（物）
・通路に台車が放置されている

災害発生
台車につまずき、転倒

災害の原因となる
「不安全状態を作らない」が大切！

それではさっそく、
「そのままではいけない不安全状態」ワースト10 を見ていきましょう。

※不安全状態の分類については、説明の都合上、厚生労働省の統計とは表現を変えてあります。

①故障未修理・整備不良

・内部の配線部分にほこりがたまり、発熱して異臭がしていた
・でも、機械の動きは正常だったので、そのまま作業していた

他にも……
● 油圧プレスの油圧系統の点検整備が不十分だったら……スライドが急に下がり、はさまれ
● 排気装置のダンパーが錆びて動きにくくなってきたのを放置していたら……有機ガスが排出されず中毒に　など

②防護措置等がない・不十分

・引き続き荷下ろしをするので、開けっぱなしにしていた
・伝票を取りにいっていてすぐ戻るつもりだった

荷の上げ下ろし用ゲートが開いていたら・・・

作業者が墜落

他にも……
- 携帯用丸のこ盤の保護カバーが外されたままだったら……木材の節で跳ね返って脚を裂傷
- プレス金型交換時に光線式安全装置を停止し、そのままにしていたら……作業中に指をはさまれ　など

③通路・作業箇所の間隔等の不足

- 今度機械の位置を動かそうと思っていたが、とりあえずそのままにしていた
- 繁忙期でみんなが急いで動いていた

他にも……
- 荷上げのための玉掛け場所の近くに機械設備などがあったら……振れた吊り荷と機等との間にはさまれ
- 溶接場所と組立作業の場所が近すぎたら……溶接スパッタが飛び、組立作業者が火傷　など

④物の置き場所が不適切

・あまり使わないものなので、仮置きしていた
・空いているスペースを有効利用できると思っていた

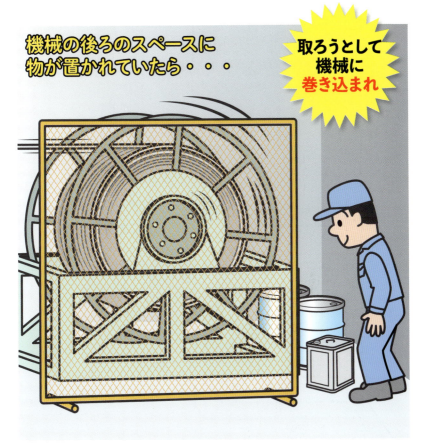

他にも……
● 電気用ゴム手袋と普通のゴム手袋が同じところに置かれていたら……混同して普通手袋を使用した作業者が感電
● 階段の前に物が置かれていたら……階段を下りてきた作業者がつまずき、転倒　など

⑤物の危険な積み方・置き方等

・置いたときには安定しているように見えた
・大きな物ではないので、危険を感じていなかった

棚に転がりやすい材料が歯止めなしに置かれていたら‥‥‥

作業者の足元に落下

他にも……
- 長尺の鋼棒が立てかけられていたら……機械の振動で倒れ、下敷きに
- 通い箱が乱雑に積まれていたら……箱がすべり落ち、足の上に落ちる　など

⑥作業環境の欠陥

・前に使った作業者が、ハケで清掃した後、切りくずが残っているのに気がつかなかった
・次の作業者も暗くてよく確認できなかった

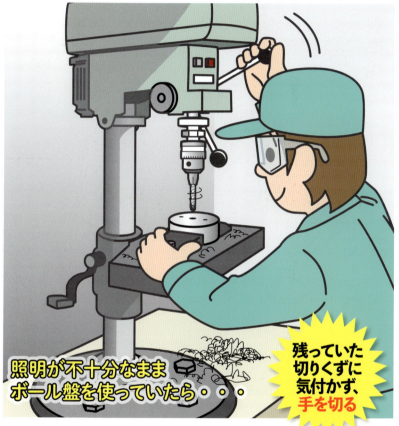

照明が不十分なままボール盤を使っていたら・・・

残っていた切りくずに気付かず、手を切る

他にも……
● シンナーの缶のふたをちゃんとしめていなかったら・・・機械のスイッチの火花で引火・爆発
● 厨房の換気装置が誤って止められていたら・・・大なべでの調理で一酸化炭素中毒に　など

⑦不適当な機械、装置が使われている

・不適切なやり方が常態化していて誰も危険と思っていなかった
・ベテランは注意して旋回操作していたが、この運転者はバックホウで荷を吊るのが初めてだった

他にも……
- 高圧電線の近くで、絶縁対策を施していない高所作業車が使われていたら……電線に触れて感電
- トラックの荷台が足場代わりに使われていたら……身を乗り出したときに転落　など

⑧不適当な工具、用具が使われている

・以前の作業者が自作した工具が引き継がれ、それを使うのが常態化していた
・自作の工具で、点検の基準なども定められていなかった

誰かが自作した不適当な工具が使われていたら・・・

強度不足で変形し、外れて転倒

他にも……
● 荷を吊るのに台付けワイヤロープが使われていたら……ワイヤロープが切れて荷の下敷きに
● コードリールのプラグ差込口が破損したままになっていたら……ショートし、過熱して発火 など

⑨作業手順等の誤り

・燃焼炉の再点火法は、ベテラン作業者が周りに口頭で伝えていた
・再点火時の手順を知らない作業者が作業していた

燃焼炉の作業手順書に異常停止時の再点火のやり方が載っていなかったら・・・

残留ガスを排気せず再点火し、爆発

他にも……
● 点検実施者全員が自分の点検札をかけるよう定められていなかったら……自分の点検終了前に機械が動き出し、はさまれ
● 回転機械の調整時の立入禁止の表示が手順書になかったら……作業中に他の人が近づき、巻き込まれ　など

⑩技術的・肉体的な無理

・ふだんは背の高い人が作業していたので、作業台を使わなくても大丈夫だった
・この日は臨時の人が担当していた

身長に合わない高さのコンベヤで荷を載せる作業が行われていたら・・・

腰痛を発症

他にも……
●炎天下で長時間にわたり交通整理をしていたら……熱中症を発症
●機械の点検を経験の浅い若手に任せていたら……不具合を見逃し、異常作動して激突され　など

自ら不安全状態を
作り出さないために

　不安全状態の中には、自分が作り出してしまうものもあります。機械のカバーを開けっぱなしにする、乱雑に荷物を重ねておくなど、もしかしたら仲間がケガをしてしまうかもしれない状態です。自分の行動の結果がどうなるのか、よく考えることが職場の安全につながります。

作業開始前点検は必ず実施

　作業開始前には、自分が使う機械や道具を点検しましょう。「もしかしたら」と思う気持ちで行う点検が自身の身を守ります。

作業手順を再確認

　作業を安全に効率よく行うための「作業手順書」。でも、以前のやり方のままだったり、使う工具が変わっていても、直していないことがあります。定期的に職場のみんなで再確認しましょう。

危険予知（KY）活動で
不安全状態を解消

　職場や作業にひそむ危険をみんなで話し合い、対策を考え合うKY活動で、不安全状態を見つけ出し、安全に作業できるようにしましょう。対策に経費や時間がかかる場合は、管理監督者に相談を。